Anna Frajlich
BETWEEN DAWN AND THE WIND
selected poetry

To Mary and Tom
with best regards
Anna

20.I.92.

*translated from the Polish with an introduction
by Regina Grol-Prokopczyk*

HOST PUBLICATIONS, INC.
AUSTIN, TEXAS

Frontcover and Illustrations: Bartek Małysa
Proofreading: Anna Zarzycka
Photograph: Layle Silbert
Design and Layout: Joe W. Bratcher III

ISBN 0-924047-04-6

TABLE OF CONTENTS

)

Introduction

In the January 1990 issue of *Kultura*, a Polish emigré journal published in Paris, Anna Frajlich wrote

> When I was leaving Poland twenty years ago, a friend gave me as a farewell gift the *Abridged Dictionary of the Polish Language* with a telling dedication, "Remember the words of your childhood and youth." To the burning humiliation related to our emigration, that of 1968, was added one more — the tacit assumption that we would forget how to speak Polish. Therefore, whenever a visitor from Poland has attempted to compliment me on still speaking Polish well, usually my reaction had been defensive, it's my language after all, my profession, I teach the language, use it, write in it... Now when I hear such a comment, I can hardly refrain from remarking that the same could not be said of my interlocutor.
> (Kształt bukszpanu ożeniony czy zamężny, p. 174-5)

Frajlich proceeds to point out in her essay the progressive deterioration of the Polish language in the official Polish media. But the essay is significant for another reason. It reflects the poet's commitment to the Polish language and culture, her loyalty to Polish, her insistence on preserving its purity, and the exceptional importance she attaches to the language.

As anyone who has attended Frajlich's poetry readings can attest, she has not only retained a perfect command of Polish but she savors its sonorousness and enunciates each word with obvious relish. Her pronunciation is superb. The numerous consonant clusters, the bane of students of Polish, in her rendition come out in a pristine form and enhance the effect of her reading. Indeed, in this respect she could compete with the best trained actors of the Polish stage.

Despite the more than two decades she has spent away from Poland and the painful circumstances of her departure, Polish is Anna Frajlich's domain, one she has been cultivating with great devotion. In her poetry she has been excavating richness, melodiousness and beauty from the conventional layers of the language. In the poem "O słowach" (About Words) Frajlich compares the craft of the poet to that of the sculptor, who through hard work with a hammer and a chisel achieves the shape of his work. The potential outcome — she

1

intimates — is enticing and challenging for the poet. To quote directly,

> a w słowach żyły są i ziarna
> i tajemnica siedmiobarwna
> zamknięta w ciszy jest jak w bieli
> i tylko trzeba ją rozdzielić
> rozszczepić odkryć
> rozwibrować.

("There are veins and grains in words/ and a seven-hued mystery/ is enclosed in silence like in whiteness/ one just needs to separate it/ split it, uncover it/ make it vibrate.")

These lines, which might be viewed as Frajlich's poetic credo, reverberate with dynamism and creative energy. In them, as well as in her many other poems, she repeatedly makes words vibrate, resonate and coalesce into original cadences.

In a lecture delivered at the University of Buffalo on November 19, 1985, the poet explained her passionate commitment to her native tongue by stating: "A writer in exile will guard his language with unmatched energy because his language is his castle."

In translating Frajlich's poetry into English one faces the overwhelming challenge of assailing that "castle." The distinguished poet, critic, and 1980 Nobel laurete, Czesław Miłosz, quite correctly assessed Anna Frajlich's poetry as dependent largely on *cantilena*, that is, organization of the poems based on sounds, and placed them — in terms of the feasibility of their translation — "somewhere in the middle of the scale of difficulty, and perhaps closer to the pole of impossibility." (From a private letter to the poet, dated July 14, 1988). This volume, thus, places in the hands of the reader a product compromised by the difficulty of a fully adequate translation on the accoustic/phonetic level. English, the receiving vessel, cannot assimilate the full musical resonance of her poetry, its rhythms, rhymes, assonances, or alliterations. Nor are translations in general capable of conveying "the radiant haze of connotations" of the original, to borrow a phrase from Eva Hoffman's splendid book *Lost in Translation*. What justifies this venture, nevertheless, is the exceptional value of Frajlich's poetry, its accessibility and the wealth of profound existential, artistic and even philosophical reflections it has to offer.

2

Born in Kirghizia, where her mother had escaped during World War II, and having been repeatedly uprooted, Anna Frajlich is not only an emigré poet, but a poet of emigration. She is a representative of the 1968 Jewish exodus from Poland, the reluctant yet irrevocable exodus of holocaust survivors and their children. Her poetry conveys the disturbing recognition of the perpetual pattern of flight which her own generation shares with her parents' generation, and — retrospectively — with many generations of wandering Jews. It is as an emigré, moreover, that Frajlich reached her poetic maturity, and her poetry gives evidence of an insistent preoccupation with the themes of exile, emigration, dislocation, and adaptation to new cultural contexts. Frajlich's poems are sensitive and penetrating notations of changing attitudes toward emigration, of the complexities and ironies of emigré existence, of homesickness for an elusive home. The exilic motif dominates her writing.

Whether Frajlich focuses on the theme of emigration, or on her other favorite themes — love, self-identity, the transitory nature of life — hers is a poetry of intimate personal reflection recorded in relatively simple language. Despite her active involvement in normal daily activities as a wife, a mother and a professional woman, she appears to have led a *vita contemplativa*. Endowed with a self-observing consciousness, the poet has gone through life recording her insights, reflections or moods and, miraculously, finding terse and unpretentious artistic forms for their expression.

For the most part, her poems take the shape of lyrical vignettes which blend intimacy and reflexive distance. Stanisław Wygodzki, quite justifiably wrote of her poetry as the "poetization of her autobiography." Yet her poems are not a chronological account of her life. Rather, they appear to be somewhat random reflections and artistic renditions of her experiences in which moments or remembered details from her past superimpose themselves on the present. In her more recent poetry, one also finds a record of intellectual encounters, of reactions to books, paintings, and occasionally even political musings.

Frajlich's poetry is lucid, almost minimalistic, and very low key. She makes no attempt to complicate the structure of her poems or to develop complex verbal constructs. Her metaphors are used not to obscure images, but to render her lyrical reflection more precise. Hers is a poetry of sensuousness and concreteness. Frajlich's stanzas are

3

filled with references to nature and the changing seasons. Some pulsate with eroticism. She has a painter's feeling for both the pastoral and the urban settings and detects with equal sensitivity birds, flowers, trees, or details in the vistas of New York City.

Frajlich's fascination with nature, depiction of moods, and reliance on rhymes, have led some critics (e. g., Iwona Smolka) to declare her a conventional or "traditionalist" poet. Such judgements are not alltogether unfounded. In the persistent battle between defiance of tradition and adherence to tradition, which all poets face, Frajlich has opted for the latter. The formal aspect of her poetry is indeed rather traditional. What is novel are her perceptions, or her "takes," on events, experiences, and emotional states. The adherence to tradition, moreover, may be viewed as a defiance of a different kind. While other poets try to be fashionable and "modern," she does not give in to such temptations. In her lecture on emigré literature delivered at SUNY-Buffalo she stated,

> Few understand that by paying the price of exile the writer gains at least the right not to give in to trends, snobbery, or even political passions.

Anna Frajlich's poetry reflects the "two lives" of an emigré, that of the past, moored in nostalgic recollection, and the new life, entailing adjustment to the new world, acceptance of it, and discovery of tranquility and beauty in it. While the landscapes of her childhood are indelibly etched in her memory, she has also opened herself to the landscapes of the "new world" and draws emotional sustenance from both. In her latest poetry one finds evidence that she has succeded in finding an anchor in her new reality. Thus, Frajlich's poems can be read as a muted but expressive personal record of dispossession and integration. Her poetry is a sensitive, vivid and authentic reflection of the struggle to adjust to exile, and to life in general.

Work on this volume has been a labor of love motivated by a sense of cultural mission. Though my friendship with the poet goes back to our "pre-exilic" years in Poland and I might be accused of a bias in her favor, the abundance of praise heaped on Anna Frajlich by many other critics should vitiate such an accusation and confirm the worthiness of the undertaking.

Jan Kott, professor of comparative literature at the State University of New York at Stony Brook and author of, among others, *Shakespeare*

Our Contemporary and *The Theater of Essence*, declared her "without a doubt the best Polish poetess of her generation." Henryk Grynberg, another accomplished author, refered to her as "a unique and unrepeatable phenomenon." A British reviewer, Maja Elżbieta Cybulska, wrote: "She presents a unified tone, an absolute poetic ear not only in one or each of her books, but in everything she writes." Natan Gross, another reviewer, praised her exceptional sense of rhythm and claimed for her "an outstanding place in the pantheon of Polish poetry." And Stanisław Baliński, a noted Polish poet, stated: "One does not forget her poems. They are alive, moving... Ms. Frajlich is one of a very few poetesses gifted with magic."

Many critics, moreover, place her in the tradition of such great Polish poets as Bolesław Leśmian, Julian Tuwim, Leopold Staff or Maria Jasnorzewska-Pawlikowska. The literary prize bestowed on Anna Frajlich by the Koscielski Foundation of Switzerland is yet another testimony of her stature as a poet.

Poems included in this collection are arranged thematically rather than chronologically. They have been selected from all four of Frajlich's published volumes as well as her poetry printed in magazines. The sample is fairly representative both in terms of her motifs and styles.

In preparing this volume I have found confirmation of the adage that "in translating others we, in fact, translate ourselves." Indeed, the process has been an enriching and enlightening experience. Frajlich's poetry has given me the impetus to reassess my own emigre experience, has provided me with nourishing intellectual sustenance and the joy of experiencing good poetry in my native language. It gives me genuine satisfaction to play a part in making Anna Frajlich's poetry accessible to the English speaking world.

Regina Grol-Prokopczyk
Hunter College
City University of New York

CHRONOLOGY OF ANNA FRAJLICH'S LIFE AND WORKS

1942 — born March 10, 1942 in the village Katta Taldyk, Osh region of Kirghizia (USSR).

1943 — family reunited in Lysva, Ural after her parents' forced seperation during the Nazi attack on Lwow (Lvov), the Polish city of their origin.

1946 — Family returns to Poland and settles in Szczecin (Stettin).

1958 — First poems appear in the Polish supplement to *Folks Sztyme* (a Yiddish language newspaper published in Warsaw) and in the literary supplement to the Szczecin daily *Głos Szczeciński.* Joins the group of artists and poets "Rak" (Capricorn) in Szczecin.

1959 — Awarded a prize in a poetry contest sponsored by the Literary Supplement of *Głos Szczeciński..*

1960 — Graduates from high school in Szczecin and begins her studies at the Department of Polish Literature of Warsaw University.

1965 — Graduates from Warsaw University with an M.A. in Polish Literature and begins work as an editor in two Warsaw based publications for the blind. Marries Władysław Zając.

1967 — Son Paul born.

1969 — November 12, leaves Poland — with her husband and son — as a result of a vicious anti-Semitic campaign of the Polish government. Forced to renounce her Polish citizenship.

1970 — June 30, arrives in New York City after short stays in Vienna, Austria and Rome, Italy. Settles in Brooklyn, New York.

Teaches Polish language at the State University of New York at Stony Brook.

1971 — Begins her four year employment at the Department of Epidemiology of the New York Blood Center.
Some of her poems appear in Poland in *Nowe widzenia* (New Visions, a publication of Forum Poetów "Hybrydy") and *Poezja* (Poetry).

1972 — Her poems appear in the London based Polish emigre literary weekly *Wiadomości* (News). Beginning of a very close association with this magazine, terminated only in 1981 at the closing of this prominent publication.

1976 — Enters the Ph.D. program of the Department of Slavic Languages and Literatures at New York University.
Begins her four year association, as a free lance writer and interviewer, with Radio Free Europe.
Teaches Polish at New York University (Spring Semester).
Publishes her first collection of poems *Aby wiatr namalować* (To Paint the Wind) in the Oficyna Stanisława Gliwy in London, England.

1979 — Publishes her second volume of poems *Tylko ziema* (Just Earth) in the Poets and Painters Press in London England.

1981 — Recepient of the prestigious literary award bestowed by the Kościelski Foundation in Geneva, Switzerland.

1982 — Starts teaching Polish at the Department of Slavic Languages of Columbia University (an affiliation continuing until the present).
Third volume of poetry *Indian Summer* published in Albany, New York.
Continues to contribute poetry, book reviews and articles to emigré magazines: *Kultura*, Paris; *Przegląd Polski* and *Tygodnik Nowojorski*, New York; *Archipelag*, Berlin.
Translations of her poems continue appearing in various periodicals: *Terra Poetica*, Buffalo, New York; *Artful Dodge*, Bloomington, Indiana; *Wisconsin Review*,

Oshkosh, Wisconsin; *Mr Cogito*, Forest Grove, Oregon; *Visions*, Arlington, Virginia, and *The Jewish Quarterly*, London, England.

Some translations appear in anthologies: *Introduction to Modern Polish Literature*, New York; *Columbus Names the Flowers*, Forest Grove, Oregon.

Occasionally her poems appear in various periodicals in Poland.

1986 — Her fourth collection of poems *Który las* (Which Forest) appears in London, England published by Poets and Painters Press.

1990 — Defends her doctoral dissertation at New York University. Her fifth collection of poems awaits publication in Warsaw.

*   *   *

Urszuli i Włodkowi T.

Trzeba mieć łąkę
jakąś łąkę
gdzie mgła rozsiewa w trawach rosę
gdzie skrzyp się gnieździ z koniczyną
gdzie jaskier łypie żółtym okiem
trzeba mieć
obcą lub niczyją
na jakimś lądzie czy półkuli
i boso chodzić po tej łące
bezziemne stopy w ziemię wtulić
i niech ta łąka lipcem dyszy
i niech tę łąkę koszą kosą
i niech pijane pszczoły piją
z kielichów dzikich smolinosów.

*   *   *

to Urszula and Włodek T.

One needs a meadow
any meadow
where fog spreads dewdrops on the grass
where horsetail crowds around with clover
where buttercup leers with a yellow eye
one needs
one's own or another's meadow
on some continent or hemisphere
to walk barefoot on it
to press one's landless feet into the land
and may the meadow pant July
may it be mowed with a scythe
and may drunken bees imbibe
from the cups of tiger lilies.

Kraj utracony

Steni i Tadeuszowi Filusom

1.
Z niejednego wygnani kraju
za Jakuba grzech i Abrahama
prarodzice moi
i rodzice
do dziś dnia się błąkamy.

2.
Pierwszy wiersz słyszałam na Uralu
— "Powrót taty" —
tata mnie uczył
powróciliśmy
odjechali
i nikt już z nas nie powróci.

3.
A w snach wraca
słupek i wzgórek
i odwieczne: "Ja do lasu muszę"
dobry zbójco
ja jeszcze teraz
wciąż o twoją
modlę się duszę.

The Lost Land

to Stenia and Tadeusz Filus

1.
Driven out of many a land
for Jacob's and Abraham's sin
my forefathers
my parents and I
to this day we are wandering.

2.
I heard my first poems in the mountains of Ural
It was "Daddy's Return"*
which my daddy taught me
we returned
left again
now we'll never go back. Not likely.

3.
Yet in my dreams does come back
the hill and the shrine
and the eternal "I belong in the woods."
Oh, good robber
to this very day
for your soul
I still pray.

* A well-known poem by Adam Mickiewicz

Emigracja

My — skąd nagle? — wyspiarze
w samym sercu wiatrów
w dziwnej szkole pokory
gdzie uczą żywioły
ciągle jeszcze pamiętam
ciszę stałych lądów
szron na drucianym płocie
i drogę do szkoły.

Emigration

We — how come? — islanders
in the very heart of winds
in the odd school of humility
where the elements teach
I still remember
the silence of continents
frost on the wire fence
and the road to school.

Rozmyślania wyzwoleńca

Słodkie jest jarzmo niewoli
i gorzki owoc wolności
tam wikt opierunek opieka
i dobrze przetarte ścieżki
stołek przez innych ogrzany
i na czas przycięte pióra
miękkie jest jarzmo niewoli
nie gniecie i nie uwiera
a tylko wolność bolesna
swoboda pośród żywiołów
gdzie zasiać trzeba by zbierać
i z dwojga złego wybierać
skrzydła rozwijać i zwijać
własne kolana obijać
skąd wolno odejść zostawić
gdzie można zdobyć i stracić
ale gdzie trzeba zapłacić
za czyn i obiad zjedzony
i dziwi się wyzwoleniec
i często pojąć nie może
czy warto dać taką cenę
za wiatr co będzie wiał w oczy
i dziwi się wyzwoleniec
który miał wszystko u pana
jakie ogromne ryzyko
kryje się w jądrze wolności
bo można umrzeć pod płotem
lub ojcem być Dioklecjana.

Meditation of a Freedman

Sweet is the yoke of enslavement
and bitter the fruit of freedom
the former brings room, board, protection
and also paths well trodden
a chair left warm by others
and feathers clipped just in time
soft is the yoke of enslavement
it doesn't pinch nor rub sore
freedom — however — is painful
unleashed amidst elements
where one must sow to harvest
choose of two evils the lesser
fold and unfold one's wings
and bruise one's very own knees
whence one can depart, go, abandon
where one can gain or lose
yet where one always pays
for his deeds as well as meals
and the freedman wonders
and often simply can't grasp
why such a price must be paid
for the wind that blows in his eyes
and the freedman whose master
used to take care of his wants
wonders at the huge risk
in the kernel of freedom encased
for one can die in rags
or become Diocletian's father.*

* Diocletian was the first Roman emperor whose father was a
former slave

17

Aklimatyzacja

Zapominam dokładnie
zapominam sumiennie
mój krajobraz ojczysty
mój krajobraz codzienny
zapominam kosmate
zapominam kłębiaste
chmury na jakimś niebie
chmury nad jakimś miastem
zapominam do końca
zapominam je ciągle
— twarze w mrok zagarnięte
za oknami pociągu.

Acclimatization

I forget meticulously
I forget scrupulously
  my native landscape
  my daily landscape
I forget the ragged
I forget the billowy
  clouds in a sky
  clouds over a town
I forget to the end
I forget them nonstop
  — faces cloaked in the dusk
  behind windows of trains.

O piwnicy, jabłkach i poetach

A w naszej piwnicy także
jabłka pachniały ogrodem
ale jak to opisać skoro tylu poetów
pisało o tej piwnicy
i o tych jabłek zapachu
kto wie czy to tylko jedna
taka piwnica pod krajem
lat ich dziecinnych
czy każdej zimy tak samo
jabłka dla wszystkich pachniały
i czy był skobel i kłódka w tamtych piwnicach
jak w naszej?
A w poniemieckich ogrodach
prawie jak w hesperyjskich
rosły złote renety i śmieszne zajęcze główki
z jednym policzkiem czerwonym
trzeba je było ostrożnym ruchem
z gałęzi zrywać
troskliwie w koszach układać
w gazetę otulać i wióry
i warto było się trudzić
bo pachną już nie w piwnicach
ale w wierszach poetów
ułożone misternie
na srebrnych tacach wersetów.

On a Cellar, Apples and Poets

And in our cellar also
apples smelled of a garden
yet how to describe it when so many poets
have written about that cellar
and about the smell of those apples
who knows if there was just one
such cellar under the land
of their childhood
or if each winter
apples smelled the same for all
and were there staples and padlocks in those cellars
just like in ours?
In the garden left by the Germans
almost like in the garden of Hesperides
grew golden rennets and funny jonathans
with one red cheek
they had to be picked carefully
from the branch
wrapped in newspapers and wood shavings
placed delicately in baskets
but it was well worth the effort
for it's not in cellars that they smell now
but in the songs of poets
artfully arranged by them
on the silver trays of verses.

Przypowieść

Raz tylko przez igielne ucho przechodzi wielbłąd
jeden raz
i tam skąd przyszedł nie powraca
— jest droga jego tak jak czas.
Chociaż weselej było w stadzie
chłodniejsza woda dawnych rzek
lecz siła jakaś go prowadzi
przed siebie, dalej, w dalszy bieg...
I pewnie nęcą go powroty
oazy wśród piaskowych burz
lecz przeszedł przez igielne ucho...
... i drugi raz nie przejdzie już.

A Parable

Only once goes the camel through the eye of a needle
one time only
and where he came from he never goes back
— like time is his journey.
Though it was more fun in a herd
old rivers' water cooler seems
but some force goads him
on, forward, ahead...
Most likely return tempts him
amidst sand storms oases entice
yet he went through the eye of a needle...
and won't go through it twice.

Ptaki

Okruchami chleba swego powszedniego
smutna moja mama karmi leśne ptaki
i nie wiedzą wilgi sikory i szpaki
że mama jest także wędrującym ptakiem
gniazda uwijane gniazda budowane
wzdłuż szlaku jak ziarna zostawia rozsiane
we Lwowie w Warszawie i nad oceanem
każde innym wiatrem strącone rozwiane

jedzcie jedzcie drozdy
z ręki mojej mamy.

Birds

Scattering crumbs of her daily bread
my saddened mother feeds forest birds
and orioles, starlings, or tittmice don't even suspect
that mother is also a migrating bird
nests woven nests built
along her path she spreads like seed
in Lvov in Warsaw and by the ocean
each hurled blown away by a different wind

from my mother's hand
eat trushes eat.

Curriculum Vitae

Po tylu autostradach jechaliśmy razem
pod wozem i pod gwiazdami
na mostach, co w niebo biegną
ravelowskie concerto na gradowych chmurach
jak na trzech fortepianach
forte się rozległo

przystań nasza wśród wiatrów
na dziwnej ulicy
co nigdzie się nie kończy i nigdzie zaczyna
gdzie inni pozdrawiają nas obcym językiem
wśród ptaków, których nazwy szukamy w słownikach

przeszłość się upomina znakami imionami
upomina się blizną zarosłą na kamieniu
coraz częściej wracają dawno pożegnani
a tych nie pożegnanych
na garstkę snu nie ma

otwierają się niegdyś zatrzaśnięte bramy
i znowu po raz pierwszy w jakąś sień wchodzimy
tacy już odmienieni i zawsze ci sami
— jak na śmiech —
wypędzeni z północy do Rzymu

wygnani bez legendy
co jak liść figowy mogłaby wstyd osłonić
bo jednak wygnani
w drogę
gdzie w niemym tańcu błądzą drogowskazy
w stulecie
co swą codę zamyka nad nami.

Curriculum Vitae

On so many highways we've travelled together
under the weather and under the stars
over bridges running toward the sky
like three grand pianos
Ravel's concerto sounded its forte
on thunderous clouds

our harbor is amidst winds
in an odd street
which begins nowhere and likewise ends
where others greet us in a foreign tongue
among birds whose names we have to look up

the past lays its claim through signs names
lays its claim through a healed scar on a stone
those bidden farewell long ago return more and more often
and those we did not bid farewell
don't amount to a handful of dream

gates once slammed—open up anew
for the first time we enter some lobby again
so changed we are and yet always the same
— laughably —
banished from the north to Rome

driven out without a legend
which like a fig leaf might have hidden the shame
for driven out we were
into a road
where in a mute dance the road signs meander
into a century
which closes its coda above us.

Santa Maria Ausiliatrice

Maria Ausiliatrice masz na włosach deszcz
a w twej koronie światła na daleką drogę
Maria Ausiliatrice
już dzwonią na mszę
i tylko nie wiem
jaką mową prosić Boga
a Ty
zawsze pomocna tak jak w bólu
krzyk
już wiesz
że przeżyć trzeba
gdy nie można pojąć
i o cień w skwarze prosisz dla mnie
i o łzy
Maria Ausiliatrice.

Santa Maria Ausiliatrice

Maria Ausiliatrice there's rain in your hair
and in your crown lights for distant ways
Maria Ausiliatrice
they've just begun to toll for mass
and I don't know
in what language I should plead with God
and you
always as helpful as a cry
in pain
you already know
that one has to endure
when understanding is beyond us
and you plead for shade in heat for me
and for tears
Maria Ausiliatrice.

Z Florencji

Nie było cię na Ponte Vecchio
powoli mgła schodziła z gór
gdzieś od Lungarno Dante szedł
i nagle poczuł w piersi ból
— na moście była Beatrice
taka poranna jeszcze wiatr
nie zdążył wplątać się w jej włosy
z odkrytych ramion Beatrice
mgła opadała tak jak z gór.
Nie było cię na Ponte Vecchio...

From Florence

You weren't there on Ponte Vecchio
the mist descended slowly from the hills
Dante was coming from around Lungarno
and in his chest he felt a sudden pain
— Beatrice was on the bridge
so morning-like, the wind
has not yet twined itself into her hair
from Beatrice's uncovered arms
the mist fell off like from the hills.
You weren't there on Ponte Vecchio...

Georgia O'Keeffe

Umarły po raz drugi
białe czaszki kozłów
po raz drugi umarły
na gorącym piasku
pod południowym słońcem
i pod martwą dłonią Georgii O'Keeffe

zamarło czyste niebo
niebo nieskończone i kwiat
co przepaściste
wnętrze swe otwierał
by w stu językach głosić
fatum orchideom

a dzbanki pozostały
jak ucho od dzbana
a słońce pozostało
jak nie dopisana
kropka nad "i".

Georgia O'Keeffe

The white skulls of the goats
died for the second time
for the second time died
on the hot sand
under the southern sky
and under Georgia O'Keeffe's lifeless palm

the clear sky stopped dead
the infinite sky and the flower
which opened
its cavernous interior
to proclaim in a hundred languages
the orchids' fate

but the jugs stayed behind
like the ear of a jug
and the sun stayed behind
like an unwritten
dot over an "i."

Braque — wystawa retrospektywna

Łodzie i stoły bilardowe
wrzucone w jeden wór istnienia
stalowe noże do krojenia jabłek
i ostryg otwierania
na pięciolinii winogrona
— zielone łzy na srebrnych nutach —
brązy
gitara rozstrojona
geometryczny chaos dachów
zdany na wiatr
i łaskę płótna.

Braque — A Retrospective

Boats and pool tables
tossed into one bag of existence
metal knives for cutting apples
and prying oysters open
grapes on a staff
— green tears on silver notes —
bronze objects
a guitar out of tune
the geometric chaos of the roofs
condemned to the wind
and the mercy of canvas.

Po wystawie Chagalla

Nie polecimy już na pewno
w czerwone słońce nad Witebskiem
ja już nie będę panną młodą
a ty — szalonym narzeczonym
tylko siądziemy gdzieś
cichutko
w jakiejś kawiarni na tarasie
gdzie jedno drzewko będzie lasem
a burza zerwie brzegi
szklanki
i nikt się nawet nie domyśli
że świat
się wokół ciebie
kręci.

Upon Seeing Chagall's Exhibit

We certainly won't ever fly
into the red sun above Vitebsk
and I will never be a bride
nor will you be — a crazy groom
we'll sit somewhere
most quietly
on the patio of some café
where a single tree will make a forest
and in a tea cup
a storm will brew
and not a soul will ever guess
that it's around you
that the world turns.

Portret stylizowany
Marlene Barsoum

Kiedy się po ogrodach przechadzasz Boboli
w białej sukni
błękitną przewiązanej szarfą
krokiem każdym
spojrzeniem splatasz harmonijnie
rozlewną dumę Nilu
z kaprysami Arno

Kiedy się po Ogrodach przechadzasz Boboli
szmer fontanny przycicha
twa suknia szeleści
na stokach belwederu
wiatr tobą oddycha
i włosy twe rozwiewa
i śpiewa ci pieśni

słońce zajdzie za chwilę i nocy zasłona
na wzgórza i katedry
opadnie powoli
tak jak mrok twoich włosów
na twoje ramiona
opada tam
na ścieżkach Ogrodów Boboli

A Stylized Portrait of
Marlene Barsoum

When you stroll in the Boboli Gardens
in a white dress
draped with an azure sash
with each step
and glance you intertwine harmoniously
the effusive pride of Nile
with the whims of Arno

when you stroll in the Boboli Gardens
the humming of the fountain quiets down
your dress rustles
on belvedere's slopes
the wind inhales you
and tousels up your hair
and chants to you

Soon the sun will set and the night's veil
on cathedrals and hills
will fall down slowly
just like the darkness of your hair
on your shoulders
falls there
on the paths of the Boboli Gardens.

Czytając Gibbona

Upadał Rzym
— jakże wspaniały —
drogami wojska jeszcze szły
słońcem winnice ociekały
i kolumnowy marmur biały
porastał pył

upadał Rzym
co trwał przez wieki
żeby upadłszy wieki trwać

i nawet dziś nikt nie wie
czemu
jeszcze cezara syn i brat
zabijał by dosięgnąć tronu
jeszcze gladiator mierzył w lwa
w mowach wytrawnych oratorów
subtelnie grecki dzwonił styl
i tłum — jak zwykle — był na Forum
nikt nie przeczuwał

że we mgle
w porannej mgle nadreńskich borów
upada Rzym.

Reading Gibbon

Rome was falling
— in all its glory —
armies kept marching on the roads
vineyards oozed sunshine
and dust kept growing
on the white marble of colonnades

Rome was falling
which had lasted for ages
so h a v i n g f a l l e n it would for ages last

and no one knows even today
why
caesar's son and brother still
killed to usurp the throne
the gladiator still aimed at the lion
in the speeches of seasoned orators
the Greek style resounded subtly
and the mob — as usual — was at the Forum
and no one had a hunch

that in the fog
the morning fog of Rhineland forests
Rome w a s f a l l i n g.

Nad listami Brunona Schulza

A po upałach przyszły deszcze
i ty przyszedłeś
powściągliwy
milczący prawie
nagle znużone w środku lata
liście
wymiatał wiatr spod naszych stóp.
Czytałam właśnie listy Schulza
listy pisane w Drohobyczu
w ciemnym pokoju na Floriańskiej
spalone listy do kobiety
spalonej
gdzieś zakopane do przyjaciół
gdzieś zakopanych
taki był wątły — jedna kula
to aż zanadto na tę śmierć
może znużone — w środku lata —
spadają liście w Drohobyczu
i głucho pachnie cynamonem.

Reading the Letters of Bruno Schulz

And after the heat rains came
and you came
demure
almost reticent
leaves
suddenly grown weary in mid-summer
the wind swept from under our feet.
I was just reading Schulz's letters
letters written in Drohobycz
in a dark room on Florianska Street
burned letters to a woman
burned
letters burried somewhere
to friends burried somewhere
he was so frail — one bullet
was too much for that death
perhaps weary in mid-summer
leaves fall in Drohobycz
and cinnamon diffuses a deaf scent.

O poezji

Wyimaginowane matki
kładą
wyimaginowanych synów do
wyimaginowanych kołysek
i całując w wymyślone czółka
wymawiają dobrze brzmiące frazy
łatwo im mówić — Piety
zasłuchane są w stygnący
kamień
jak odgłos podziemnej rzeki
jest język rodzenia i śmierci.

On Poetry

Imaginary mothers
put
their imaginary sons
into imaginary cradles
and kissing them on imagined foreheads
utter nice sounding phrases
speaking is easy for them — Pietas
listen intently to the cooling
stone
the language of birth and death
is like the echo of a subterranean river.

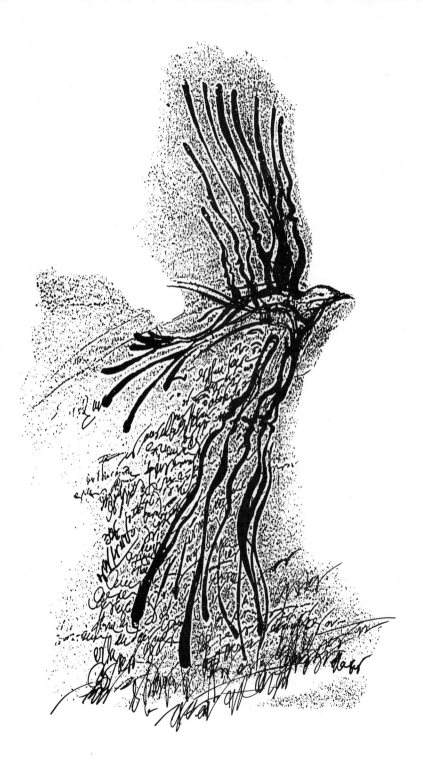

Z natury

Widzę
jak jedząc z ręki
jedzą także rękę
a wszystko w imię sprawy
która jest ważniejsza
od ręki i jedzenia
tak głoszą i zbierają
ziarenka
co wypadły z rozgryzionych palców
i chrząstki oblizują.

I nawet się w salonach
czasem spotykamy
o kwestiach rozprawiamy
bez kwestionowania
kwestii ludożerców.

From Nature

I see
how eating out of a hand
they eat the hand as well
all this to advance the cause
which is more important
than the hand and the eating
so they claim and collect
grains
which fell out of the gnashed fingers
and they lick the bones.
We even meet sometimes
at high social functions
and various questions we discuss
without questioning
the question of cannibalism.

*   *   *

Niechaj już znikną
bo szpecą legendę
kamienie znacznie bardziej są fotogeniczne
nawet te dawno wyrwane z korzeniem
spod głów umarłych

niech znikną wreszcie by księgę historii
można już było zamknąć i otworzyć
wszystko się dobrze ułoży w teorii
co w życiu ciągle nie chce się ułożyć

niech już odejdą
Bóg im wskarże drogę
jak im wskazywał gorejące krzaki

*　　*　　*

Let them vanish at last
for they tarnish the legend
stones are much more photogenic
even those uprooted long ago
from under the heads of the dead

let them vanish already so the book of history
can be closed and reopened
what in life refuses to fit
in theory will fall in place

let them go away
God will show them the way
as he had shown them burning bushes.

Aby wiatr namalować

Jeszcze się kroplą deszczu kładziesz
na mych wargach
jeszcze cię sen pamięta pod ciężką powieką
ale już dróg nie strzegę
poplątałam nici
nie dowiem się jak blisko
jesteś jak daleko
jeszcze się tylko krzykiem w twojej krwi odezwę
nagłym bólem zatrzasnę jak drzwi niedomknięte

aby wiatr namalować — trzeba poznać trzcinę
tak strzelistą wśród ciszy i w czas burzy
— zgiętą.

To Paint the Wind

Like a rain drop you still place yourself
on my lips
the dream still remembers you under the heavy eyelid
but I guard the roads no more
I have tangled up the threads
and won't know how close
you are how far
but with a scream in your blood I'll still speak up
with a sudden pain I'll slam like a door left slightly open

to paint the wind — one needs to know the reed
so arrow straight in lull time yet during storm
— bent down.

Porozumienie

Wołamy się przez szklane ściany
tak blisko
widzę twoją twarz
wyciągam rękę — szklana ściana
mówimy dwoma językami
wszystko w porządku
tłumacza brak
a tak jest zdrowo naokoło
czyste powietrze
ostry mróz
ja widzę
że coś do mnie wołasz
wołasz przez ścianę
i ja ci pewnie odpowiadam
coś odczytujesz z moich ust
dwoma różnymi językami

może ten sam mówimy
ból

An Understanding

We call each other through glass walls
I see your face
so close
I hold out my hand — a glass wall
we speak two different languages
that's fine
there's no interpreter
around us everything's so wholesome
the air is pure
the frost bites
I see you
call out words to me
you shout through the wall
and I respond most likely
you read some message off my lips
in two distinct languages

we may be speaking the same
pain.

Wyrok

Oddam cię
oddam dziewczynie z jasnymi włosami
każdy oddech twój uśmiech i twoje pragnienie
będzie cię dotykała będzie cię całowała a ja
pójdę spokojna jak nocne milczenie
oddam cię z korzeniami — oddam
tak jak stoisz niech cię kocha
do bólu kocha do zwątpienia
niech się obudzi w nocy i przestanie wierzyć
i nad ranem niech znowu uwierzy bez drgnienia
niech cię spod ściany śledzi jak umiesz
zapomnieć i niech się szczerze cieszy
że cię inne lubią niech wie
jak jesteś piękny i niechaj się boi
a ja niech gdzieś odejdę
zapomnę
zagubię...

Verdict

I'll give you up
I'll give you up to a girl with fair hair
every breath of yours and desire and each smile
she'll be touching you
she'll be kissing you and I'll
go as tranquil as night's calm
I'll give you up with your roots
I'll give you up as you are
may she love you unto pain and
unto doubt
may she wake at night and cease believing
and at dawn's crack believe you again
may she watch you from the corner how
easily you let things slip your mind
may she be truly pleased
that other girls like you
may she know how beautiful you are
and may she fear
and I'll vanish
I'll forget
I'll go away. . .

Telefon

Zmieniony
w dzwonki
i pierścionki drutów
skłębionych gdzieś pod ziemią
jesteś
— jak mnie uczono w szkole —
częstotliwością drgań na blaszce
mogę cię mieć
za siedem cyfr
i za guziczek
za światełko
mogę mieć
—d r g a n i e   n a   m e m b r a n i e.
A chciałabym w wysokiej trawie
gdzie chodzą żuczki biedroneczki
a chciałabym cię mieć na sianie
— śmieszne ździebełka w twoich włosach
i chciałabym cię mieć w karecie
gdzie zasunięte firaneczki
kłusem
donikąd spieszą konie
a ty całujesz moje dłonie
i moje usta
moje piersi
i nie ma siedmiu kpiących cyfr
jest tylko siedem gwiazd na niebie
i siedem gór
i siedem nocy...

Telephone

Changed
into jingling bells
and rings of wire
whirled somewhere under the ground
you are
— as I was taught at school —
the frequency of vibrations on tin
I can have you
for seven digits
and for a button
for a light
I can have
— a v i b r a n t s t r a i n o f t h e m e m b r a n e.
And I would rather have you in tall grass
where ladybugs and beetles take their walks
and I would rather have you in the hay
— with funny little stalks stuck in your hair
and I would have you in a horse drawn coach
with curtains pulled together
trotting to nowhere
the horses would rush
and you'd
place kisses on my hands
my lips
and breasts
and there would be no seven mocking digits
but only seven stars upon the skies
and seven mountains
and seven nights...

Żale

Władkowi

Ach, czemu nie jesteśmy
z angielskiej powieści
niezbyt piękni
cnót pełni
z angielskim humorem
czemu drew nie dorzucasz
zimą do kominka
a ja z haftem nie czekam
na ciebie wieczorem
czemu na innej wyspie
i na innym lądzie
w czasie
co przelatuje
trudno nam się zmieścić
i tylko z górnej półki
pełnej starych książek
patrzą na nas
z ironią angielskie powieści.

Regrets

for Władek

Oh, why aren't we
from an English novel
rather plain
full of virtues
with an English sense of humor
why don't you add woods
to the fireplace in winter
and at night why don't I wait for you
with my embroidery
why on a different island
and a different continent
in time
which flies by
we find it hard to fit
and only from the upper shelf
full of old books
English novels
ironically
wink.

Powrót

To nie rzeka nas dzieli
to na niej sto mostów
ból ostygł
— już możemy poruszać
wargami
jak po ciężkiej chorobie
po tamtej miłości
wracamy
wracamy

Return

It's not the river that divides us
it's the hundred bridges that cross it
the pain has cooled down
— again we can move
our lips
like after a long illness
after that love
we return
we return

*   *   *

A miłość po co
jeśli ból
na zawsze jest osobny
szukamy
pod powierzchnią słów
gubimy się
wśród wspólnych dróg
przed nami światła wielkich miast
za nami mgły dalekich pól
przepływa przez nas jeden czas
jak przetłumaczyć ból na ból
piekący
żywy
i podobny

*   *   *

Why love then
if pain is
for ever separate
we search
under the surface of words
get lost
among roads taken in common
before us lights of big cities
behind us fogs of distant fields
the same time flows through us
how to translate pain into pain
burning
alive
and alike.

*   *   *

Między nami ocean
czas przecięty nożem
tak dalecy oboje
a zbyteczna pamięć
jeszcze mi na policzkach dłonie kładzie twoje
jeszcze twoim ramieniem ogrzewa mi ramię
a listy telefony książki obietnice
puste muszle
i perły się z nich nie wysnują
codziennie wychodzimy na różne ulice
tak obcy
cięte rany
długo
czy się goją?

*   *   *

The ocean divides us
time cut by a knife
so distant we are
yet superfluous memory
still puts the palms of your hands on my cheeks
warms my arm with yours
and letters telephones books and promises
are empty shells
no pearls will issue from them
every day we go out unto different streets
so alien we are
do our wounds
take time
or ever heal?

*   *   *

Ulice wciąż są nagrzane
moją myślą o tobie
i ruch na chodnikach wielki
jakby w oczekiwaniu
że wyjdziesz mi dziś naprzeciw
róże w różnych kolorach
na klombach i pod murami
— ale jakże nietrwałe —
wiosną o nich mówiłeś
a kwitną jeszcze i kwitną
gdy obok przechodzimy
ty z jesiennym katarem
ja z lękiem
że wszystko minie.

* * *

The streets are still warmed
by my thoughts of you
and the sidewalks are swarming
as if in expectation
that you'll come to meet me today
roses in various hues glow
in flowerbeds and against walls
— they don't last —
you said of them last Spring
but they still blossom and blossom
when we stroll past them
you with an autumnal cold
I with my fear
that all shall pass.

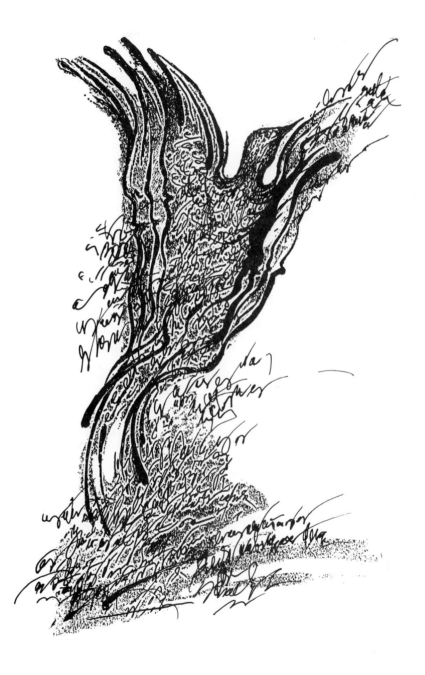

Ballada o księżnej

pamięci Marylin Monroe

Księżna pani
także się starzeje
już jej szkodzi uśmiech i płacz
a wieczorem mięśnie twarzy bolą od młodości
zatrzymywania
księżna pani mogła być gwiazdą
nagle sięgnąć po dwie fiolki
tuż nad ranem odejść tam
gdzie nie słychać oklasków
i pośpiechu trzaskających kamer
ale księżna wybrała scenę osłoniętą
od tłumu i wiatru
nikt nie każe księżnej tańczyć nago
ani siadać na fałszywym tronie
więc dlaczego lęk na kształtnych wargach
i napięte mięśnie przed kamerą
naga szyja księżny jest bezbronna
naga szyja księżny.

A Ballad About a Duchess

in memory of Marilyn Monroe

Lady duchess
is also growing old
smiling and crying already hurt her
and in the evening her facial muscles ache from holding on
to youth
Lady duchess could have been a star
had she reached for two vials suddenly
and early in the morning gone away
where no applause is heard
and no rush of clattering cameras
but the duchess chose a stage hidden
from crowds and winds
no one makes the duchess dance naked
nor makes her sit on a false throne
why then the fear on her shapely lips
and the tense muscles in front of the camera
the duchess' naked neck is defenceless
the duchess' neck.

Chłodna noc

Chłodna noc
w drugim pokoju świeca płonie
i migotliwy jej blask
przez otwarte drzwi pada
geometryczną smugą na sufit
w liściach wciąż jeszcze zielonych
wiatr przebiera szelestem
prawie już świt i niebo
ten dziwny ma stopień jasności
co nie rzucając światła
ledwie obwodzi kontury
chłodna to noc, syrena
pobrzmiewa bardzo daleko
i nawet lekkim muśnięciem
snu nie potrąca uśpionych
razem jesteśmy i blisko
i tylko sen nasz osobny.

Śnię właśnie dziwny poemat
długi i trudny zarazem
taki którego i krytyk
nie przełknie za jednym razem
taki poemat co leży
nieraz latami nietknięty
jak na dnie mórz leżą
dalekich zatopione okręty
w nich kubki srebrne i tace
szmaragdy w szkatułach misternych
maszty dawno spróchniały
ale bezcenne perły
blask migotliwy rzucają
na ściany skarbca zamknięte...
Taki poemat śnię
w noc jesienną i świętą
pomiędzy świecą i chłodem
pomiędzy świtem i wiatrem
pomiędzy jawą i snem.

A Chilly Night

A chilly night
a candle blazes in the other room
and through the open door
its flickering glow casts
a geometric streak on the ceiling
the wind sifts with a rustle
among leaves still green
it's almost dawn and the sky
has this quaint degree of brightness
which barely traces the contours
without casting light
the night is chilly, the siren
sounds off far away
and doesn't even dab
the slumber of the sleeping
together we are and close
it's only our dream that's separate.
I'm dreaming a strange poem
both long and difficult
one that even a critic
won't grasp all at once
a poem which sometimes for years
lies undisturbed
as sunken ships lie
at the bottom of distant seas
they hold silver cups and trays
emeralds in fancy chests
the masts have rotten through
but priceless pearls
spread a flickering glow
on the walls of the locked chest...
Such a poem I dream
on this night autumnal and holy
between the candle and chill
between dawn and the wind
between waking and sleep.

Nowy Jork, listopad i róża

Kłamiemy obydwoje
a na cienkiej linie
pomiędzy uprzejmością kłamstwem i pragnieniem
taniec nasz jest jak róża
co swoim korzeniem drąży
zmarzniętą ziemię aby kwitnąć dłużej.
Tak, pomieszał nam Pan Bóg języki
bo wieżę wznieśliśmy za wysoką
i czy kłamię nie wiem gdy pragnę
czy pragnę gdy mówię "na zdrowie".
Gra nasza jest jak hazard
przy kartach znaczonych
nie wiemy kto prowadzi
kto klęskę wybierze
w mieście co jest ojczyzną
wszystkich zabłąkanych
pokrętnych dróg szukamy
wiodących do siebie.
A gwiazda nam nie świeci
pośród zgiełku kodów
to miasto dla nas ciemność jak sezam otwiera
jedno tam jest prawdziwe
jedno jest bez skazy
ból
który głuchym echem
błądzi po tunelach.

New York, November and a Rose

Both of us lie
and on the fine line
among politeness lie and desire
our dance is like a rose
drilling the frozen soil with its root
to go on blooming.
Yes, God confused our tongues
for we raised too high a tower
and I don't know if I lie when I desire
or desire when I say "be well."
Our game is like gambling
with marked cards
we don't know who leads
who will choose defeat
in the city which is the homeland
of all the lost
we search for winding roads
leading us to each other.
And no star shines for us
amidst a cacophony of codes
the city — like sesame — opens its darkness before us
one thing is genuine in it
one thing is truly pure
the pain
which as a deaf echo
wanders through the tunnels.

Ergo Sumus

A więc jesteśmy
ja—z prowincji
i ty ze wszystkich stolic świata
pijemy wino w Nowym Jorku
—stolicy stolic
i prowincji wszystkich prowincji—
pijemy wino a za oknem
w galerii wiszą trzy Chagalle.
Tu zdetronizowani króle
i cesarzowe bez cesarstwa
wyprowadzają psa na spacer.
Tu poeci
w dwustu językach dla nikogo
piszą swe wiersze jak szaleni
piszą wiersze
że aż miasto—jak balon—
wzdęte jest poezją
i tylko pstryknąć
a poleci.
Poleci z naszym winem
z nami
i z restauracją
gdzie do ryby podają noże
z żebrakami
którzy sypiają w pustych schronach
ze szczurami
i z mostem
i z "widokiem z mostu"
i z giełdą i rozdartą sosną
i szklanych domów całym sznurem
poleci w górę.
Ale to tylko przypuszczenie
bo choć poeci wiersze piszą
nie ma takiego śmiałka
któryby pstryknął.

Ergo sumus

So here we are
I—the provincial
and you from all the capitals of the world
we're drinking wine in New York City
—the capital of capitals
and the province of all provinces—
we're drinking wine and just next door
a gallery displays three paintings by Chagall.
Here the dethroned kings
and empresses without empires
walk their dogs.
Here poets
in two hundred languages
write their poems like madmen—for nobody
keep writing poems
till the city—like a baloon—
grows inflated with poetry
and just a flick
will make it fly away.
It will fly away with our wine
and us
and our restaurant
where they use knives to eat fish
and with beggars
who sleep in vacant shelters
with rats
and with a bridge
and "a view from the bridge"
and with the stock exchange and a split pine
and a whole string of glass houses
it will fly up.
But this is just a supposition
for even though poets write poems
there's no daredevil
who would dare
to flick.

*   *   *

O miasto, w światła twoje patrzę
jak w złote skręty hieroglifów
i tajemnicą twą oddycham
powietrzem ciężkim jak przed burzą

już zapalono białe lampki
tysiące lampek na gałęziach
i drżą światełka w kroplach deszczu
latarnie lśnią odbite w jezdniach

a niżej w brzuchu pod pokładem
bezdomni się na ławkach kładą
do snu w podziemiach metropolii
gdzie światło traci blask i mętna
żarówka mruga wśród pokrętnych
podziemnych łożysk dziwnej rzeki
którą wypełnia wciąż po brzegi
tłum i czterdzieści ton żelaza
przemykające raz za razem

miasto na skale w rzek ramionach
ty jesteś swych bezdomnych domem
gdy śpią w wieżowcach pod chmurami
i na chodnikach gazetami okryci
w noc grudniowym wiatrem
owiani
pod gwiazd i świec świątecznych światłem

a inni ciągną tu zwabieni
mocą twych wiatrów i kamieni
miliarda okien twoich blaskiem
i ledwie wejdą w twoje bramy
niebaczni nowe amsterdamy
stawiają na granicie
z piasku

*   *   *

Oh city, I gaze into your lights
as into golden twists of hieroglyphs
and breathe your mystery
with an air as heavy as before a storm

tiny white lamps have already been lit
thousands of bulbs on the branches
and the lights quiver in raindrops
the street lamps shine reflected in the streets

and below in the belly under the deck
the homeless lie down on benches
to sleep in the pit of the metropolis
where light loses its luster and an opaque
bulb winks among the twisting
underground beds of an odd river
which is steadily filled to the brim
by a crowd and forty tons of steel
zooming by again and again

oh city on a rock embraced by rivers
you are a home for your homeless
when they sleep in skyscrapers under the clouds
and covered with newspapers spend nights
on sidewalks cloaked by the December
wind
under the festive light of stars and candles

and others swarm here enticed
by the force of your winds and stones
and the glitter of your billion windows
as soon as they enter your gates
heedless on granite they build
new amsterdams made of
sand.

Jesienna kołysanka

Pawłowi

Śpij syneczku. Już latarnie
przytuliły się do wiatru. Śpij.
Na Long Island mrok
ugasił płomień liści
ucichł szelest traw za lasem
drzemie oset w zżętym zbożu...
Śpij syneczku
i podróżni
pokochają swe bezdroża. Śpij.

Autumnal Lullaby

for Paul

Sleep my son. Even now the street lamps have
cuddled against the wind. Sleep.
The Long Island dusk
has put out the flame of leaves
beyond the woods the whisper of the grass has lulled
the thistle dozes in cut rye...
Sleep my son
and the wayfarers
will love their stray ways. Sleep.

Przed wigilią

Choiną pachnie i ciemno
jeszcze bo kometa
nie wszedł i w taką godzinę
kiedy Bóg odpoczywa przed zbawieniem
świata
niechaj spojrzy na dom twój
niech cię nie ominie.

Before Christmas Eve

The pine diffuses fragrance it is dark
because the comet
hasn't risen yet
and at this hour as God gathers His strength
before the world's redemption
may He glance at your home
may He not bypass you.

Na progu

Ty bądziesz jeszcze czekał — ja
już nie wybiegnę
miejsca pod zmarszczki zliczę
na mej gładkiej skórze
i pomyślę
że nie ma sadu z jabłoniami
i pomyślę
że nie mam błękitnej sukienki.

Ty będziesz jeszcze czekał
Pan Bóg dał mi ciało
nakazał włóknem każdym poznawać znużenie
może jeszcze pamiętam
hojność twoich dłoni a może ból
pamiętam
źródło i pragnienie.

On The Threshold

You'll still be waiting
I'll come out no more
places for wrinkles I'll count
on my smooth skin
and I'll think
that there are apple trees no more
and I'll think
that I have no blue dress
You'll still be waiting
God gave me a body
and made me feel fatigue with every fiber
perhaps I still remember
the bounty of your palms perhaps pain
I remember
the spring-head
and the thirst.

Cykl

Znowu się w sobie zamkną drzewa
na tajemnicę
jak na kłódkę
ptak pożegnalną pieśń odśpiewa
i minie lato
znów za krótkie.

A Cycle

The trees will lock up in themselves again
with a mystery
like with a padlock
a bird will sing a farewell song
and the summer will pass
much too short
again.

*   *   *

Nie było mnie
gdy Pan Bóg barwy tworzył
i kiedy świtem budził pierwsze ptaki
nie było mnie.

Zastałam tedy już
czarno na białym dziesięć przykazań
i stron świata cztery
wiem
co jest dobre i co złe
i tylko nie wiem
w którą iść stronę
a muszę przecież stworzone odnaleźć
a nie stworzone z twardej lepić gliny
i kształt nadawać mu
niedoskonały
bo mnie nie było
gdy Bóg kształty tworzył.

*　　*　　*

I wasn't there
when God created colors
and awoke first birds with the dawn
I wasn't there.
I came to ten commandments
already black on white
and four corners of the world
I can tell good from evil
yet I don't know
which way to go
but I do have to discover the created
and to form the unformed from hard clay
and give shape to it
imperfect
for I wasn't there
when God created shapes.

Różnica

Przechylona nad krawędzią świtu
słucham własnego oddechu
— jest —
jedyna różnica
między mną
a tymi co odeszli.

The Difference

Bent over the edge of dawn
I listen to my own breath
— it's there —
the only difference
between me
and those who are gone.

*   *   *

Jestem oddzielna
liść co dla mnie spada
tak się niezwykle u mych stóp układa
nikt go nie widzi moimi oczyma
jestem oddzielna
— żadna część systemu
niczyja własność
ni kółko w maszynie
oddzielnie mierzę księżycowe góry
pył wdycham w płuca jedyne w kosmosie
mogę się zepsuć — mogę
nagle stanąć
mogę pokochać — mogę
nagle rzucić
i umierając wyświęcić wargami
oddzielne imię oddzielnego Boga.

*　　*　　*

I am separate
the leaf that falls for me
so unusually places itself at my feet
nobody sees it with my eyes
I am separate
— no part of a system
nobody's property
nor cog in a machine
separately I measure mountains on the moon
I inhale dust in cosmos's only lungs
I may break down — may
stop suddenly
may fall in love — may
suddenly leave
and while dying consecrate with my lips
a separate name of a separate God.

Wiedza ezoteryczna

Tylko rozpięty głos pod chmurą
echo, biblijne piasku granie
dlaczego ja — pytanie pytań
otchłań przegląda się w pytaniu
wznoszą się w snach strzeliste schody
i na odwrocie gobelinu
fatum wyblakłe lecz surowe
rozkwitającą nić przecina
albo po Trzykroć Największego
magicznej wiedzy kronikarza
od ośnieżonych gór Arkadii
w mrocznym jeziorze ślad przepada
i kręgi biegną po jeziorze.

Esoteric Knowledge

Only a voice spread under a cloud
echo, the biblical sound of sand
why me — the question of questions
in the question an abyss finds its reflection
steep stairs arise in dreams
and on the tapestry's underside
fate faded yet harsh
cuts short the blooming thread or
the trace of Trismegistos
the chronicler of magic knowledge
from the snow covered mountains of Arcadia
in a murky lake is lost
and ripples spread on the lake.

Jeszcze w drodze

Jest
poza *mieć* (co?) i *być* (kim?)
jest jeszcze *żyć*
rozległe jak łąki nad jeziorami
niepowstrzymane jak wiatr w portowym mieście
żyć — lepkie pączki na tle stalowego nieba
i kolumny stojące wciąż tam
gdzie je przed wiekami wzniesiono.

Budzę się co dzień rano
jakby do snu wiecznego
a tu tyle do załatwienia
Rozmyślania
przeczytane tylko w połowie
nie wyprasowane koszule
jeszcze nie nadstawiony drugi policzek...
Za oknem ostatnie liście szumią
na klonowej gałęzi
a list o śmiertelnej chorobie
wciąż jeszcze w drodze.

Still On Its Way

There is besides *to have* (what?) and *to be* (who?)
there's still *to live*
as vast as meadows by the lakes
unstoppable as a wind in a port city
to live — sticky buds against the steely sky
and columns standing to this day
where centuries ago they were raised.
I wake up every morning
as if to an eternal dream
and there's so much to be done
Meditations
read only half way
shirts to be ironed
the other check not turned yet...
Outdoors the last leaves rustle
on the maple branch
and the letter about terminal illness
is still on its way.

*   *   *

W bezmiarze wśród chaosu
wśród wiatru piachu ciszy gwiazd
miejsce znalazłeś mi pod stopy
i ponad głowę nieba płat
niezasłużony darowany
włożyłeś w moje dłonie czas
a hojność Twa — jak Ty bez granic —
osłania mnie

lecz nie dostrzegam śladu drogi
jak katarakta rośnie ból
kamień usuwa się spod nogi
i leci w pustkę
a głos Twój
rozdarty w "szumy, zlepy, ciągi"*
dosięga mnie w brzęczeniu pszczół
i patrzę w siebie tak jak w ciemność
i nie znam najważniejszych słów.

*tytuł książki Mirona Białoszewskiego

96

*   *   *

In the infinity amidst chaos
amidst wind sand and the silence of stars
You found a patch for me to rest my feet
and over my head a scarp of sky You've spread
undeserved yet given as a gift
You placed time in the palms of my hands
and Your generosity — boundless like You —
shields me

but I can't see any trace of the road
like a cataract my pain grows
the stone shifts from under my feet
and into a void falls
and Your voice
ground into "soughs, clumps and clusters"*
reaches me in the buzzing of the bees
and I look into myself as into darkness
and don't know the most important words.

* Title of a book by Miron Bialoszewski

Tylko ziemia

Ojcowizna to nie moja
ni niczyja
tylko ziemia
z kamieniami w swym wnętrzu
tylko ziemia z właściwością przyciągania
chodzę po niej
czasem dotknę jej ręką
ale w zimie zamarza jezioro
i spadają w śnieg szyszki z sosen
tuż przed zmierzchem
wczesnym wieczorem
nagie słońce zachodzi za szosę.

Just Earth

It's not my patrimony
nor anybody's
it's just earth
with stones in its inside
just earth with the property of gravitation
I walk on it
sometimes I touch it with my hand
but in wintertime the lake freezes
and pine cones fall into the snow
in early evening
just before dusk
the naked sun sets behind the road.